SUR LA

RÉVOLUTION NOUVELLE

PAR M. DE CONNY,

ANCIEN DÉPUTÉ.

Prix : 30 centimes.

PARIS

EN VENTE CHEZ DENTU, LIBRAIRE,

PALAIS NATIONAL ;

IMPRIMERIE ÉDOUARD PROUX, RUE NEUVE-DES-BONS-ENFANS, 5.

1848

SUR LA

RÉVOLUTION NOUVELLE,

PAR M. DE CONNY,

ANCIEN DÉPUTÉ.

En ces graves conjonctures où l'usurpation qui triompha en août 1830, vient d'être emportée par la tempête, j'élève une voix que reconnaîtront quelques amis sincères de l'ordre et des libertés nationales.

Le plus honteux pouvoir pesait sur la France: les jours de l'expiation sont venus; ces jours ont été tardifs sans doute, mais l'action de la Providence a été visible pour tous! C'est à l'endroit même de la *place de la Révolution* où fut élevé, par Philippe-Égalité, l'échafaud de Louis XVI, que le fils d'Égalité a lu son abdication aux gardes nationales rassemblées sur la place; puis, il est parti laissant pour adieux à la France, où il a soulevé tant de colères, l'épouvante et l'anarchie.

En de si graves conjonctures où la France est placée, la question n'est pas de plaire ou de déplaire aux triomphateurs du jour ; la question est de chercher la vérité et de la dire à tous, amis ou adversaires.

On nous promit, aux nouvelles barricades, la liberté de la parole et de la presse, ce serait donc faire injure aux membres du Gouvernement qui s'est institué à l'Hôtel-de-Ville, si je retranchais un mot de l'expression de mes convictions.

Dans les luttes qui se préparent, les opinions diverses qui partagent la France doivent se produire avec la plus entière liberté ; que l'expression de la pensée soit libre, pour tous ; car si elle ne l'était pas, s'il y avait oppression de la pensée, nous mériterions le jugement sévère que porta, en d'autres temps, un écrivain célèbre qui attacha son nom à la première république. *Ils veulent être libres*, disait Sieyes, *et ils ne savent pas être justes.*

Lorsque surgit dans la tempête un nouveau système de gouvernement, pour connaître si ce système est au cœur de la nation, s'il a des racines dans le pays, il faut examiner si avant sa réalisation les vœux libres du pays l'appelaient, il faut reconnaître si l'industrie, le com-

merce, cette grande puissance des temps mo-
dernes, avaient foi dans ce mot magique qui
agite tous les esprits.

Nous sommes en république, crie-t-on de
toutes parts : à plusieurs, cela semble être un
rêve. Il faut le dire, cette république a la plus
étrange origine. Ce serait une grande erreur
que celle des provinces qui, sur la foi des journaux, s'imagineraient que la garde nationale de
Paris a proclamé la république avec enthousiasme. Le cri de république n'a inspiré que
l'effroi, et ce sentiment dominait les pensées de
tous : c'est là une de ces vérités irréfragables
reconnues par tous. Toutes les réclames des
journaux n'empêcheront pas que ce soit une
vérité ; j'en appelle à la conscience publique.

Dans les journées du mardi et du mercredi,
22 et 23 février, le mot de république n'est
pas prononcé une seule fois ; la partie même la
plus exaltée de la population, dans ces heures
d'agitation, n'invoque pas une seule fois le nom
de république en élevant des barricades. La
garde nationale aurait regardé comme une immense victoire la *réforme* avec un ministère
formé par les chefs de l'opposition.

Le jeudi matin, aux barricades, le cri de
vive la République! n'a pas été prononcé. Ce

n'est qu'après la reddition sans combat des Tui-
leries, que quelques centaines d'insurgés en-
vahissant le Palais-Bourbon, au bruit des clameurs et des menaces, jettent quelques cris de
vive la République! Un Gouvernement provisoire
se formait pour se rendre à l'Hôtel-de-Ville.
Dans la nuit du jeudi au vendredi 25 février,
quelques bandes de communistes traversant les
quartiers populeux, ont, pour la première fois,
prononcé le cri de *vive la République!* au bruit
duquel se fermaient les magasins.

La stupeur régnait dans tous les foyers do-
mestiques, mais surtout dans les maisons de
commerce, lorsque ce cri s'est fait entendre ;
car le commerce de Paris redoute par-dessus
tout la République; le dimanche même, à la Bas-
tille , il n'y avait pas l'ombre d'enthousiasme.
Ainsi donc, quelques enfans encore sur les bancs
des écoles, avant-garde des bandes communistes , ont pris l'initiative ; et les membres du
Gouvernement provisoire, oubliant les devoirs
que leur imposait la mission de salut à laquelle
ils devaient, disaient-ils , se dévouer , cédant
aux clameurs des communistes , ont décrété le
lendemain que *la République*, à l'avenir, était
le gouvernement de la France.

Rappellerai-je ici le scandale des derniers

instans de la Chambre des députés qui est venu
affliger ceux qui croient encore à l'avenir
du Gouvernement représentatif ; tout le monde
a vu , avec un sentiment de pitié , ce président qui, en présence des insurgés, n'a eu
qu'une seule pensée, celle de fuir. Mais le président qui fuit lorsque des troubles s'élèvent
dans la salle des délibérations , lors même que
la salle est envahie, c'est le général qui, à la
tête de son armée, déserterait à l'ennemi !
Flétrissons de tels actes en de telles occu-
rences ! Le courage civil, il faut le dire, n'est
que trop rare dans une nation où tant d'hommes savent affronter la mort sur les champs
de bataille. Je regrette, pour l'honneur du
Gouvernement représentatif, qu'à sa dernière
heure, le président de l'assemblée ne se soit
point souvenu du grand exemple donné par
Boissy-d'Anglas, présidant la Convention , lorsque les insurgés de prairial vinrent lui présenter
la tête du représentant Féraud. Quoi qu'il en
soit, *le Gouvernement provisoire* ne pouvait
avoir qu'une seule mission: rétablir l'ordre ma-
tériel dans cette immense capitale, puis en AP-
PELER A LA FRANCE pour connaître les vœux de
tous sur la nature du gouvernement que voulait
la France librement consultée. Hors de là, il n'y

a que la plus insigne et la plus téméraire usurpation.

Je dirai aux hommes qui ont surgi au pouvoir
au bruit de la tempête : Ne vous enivrez point
des cris de la multitude; pensez au jugement
de l'avenir, car c'est l'avenir seul qui met à leur
véritable place toutes les renommées et toutes
les gloires.

La République est née d'hier, et déjà on
trouve par milliers des hommes qui crient à tous
qu'ils sont républicains. La République de Paris ressemblerait-elle à la nouvelle Jérusalem
dans les saintes visions des prophètes?

> ..... D'où lui viennent de tous côtés
> Les enfans qu'en son sein elle n'a point portés ?

Lorsque les républicains étaient en si petit
nombre et que leurs doctrines étaient com-
battues par les tribunaux, par la chambre des
pairs ; lorsqu'ils expiaient leur franchise et
leur audace dans les cachots, qui donc eût
jamais pensé que la République comptait un
nombre si immense de partisans ? Tous les
courtisans de Louis-Philippe se sont voués
tout-à-coup au culte de la République. Certes,
ce sont là des conversions rapides ; car le nom

de République, selon l'expression de Lafayette lui-même, inspire à la France des mouvemens de crainte et de répulsion. Mirabeau souffrant un jour d'une rage de dents, s'écriait : *J'ai une République dans la bouche.*

Nous allons voir sans nul doute, nous voyons déjà, une nuée de nouveaux républicains, avides d'exploiter la République comme d'autres ont exploité le gouvernement qui vient de tomber avec tant de honte : ceux-là viendront nous rappeler ce que plus d'un demi-siècle n'a que trop appris à l'Europe, la rapidité avec laquelle les opinions, toujours mobiles, entraînent les têtes françaises.

Les journaux ont raconté que M. de Lamartine, rencontré par un de ses amis, et interrogé sur ce qu'il faisait à l'Hôtel-de-Ville aurait répondu : *Nous remuons le monde.* Oui, certes, *vous remuez le monde*, le mot est vrai, *vous remuez le monde*, car vous avez pris entre vos mains le plus puissant levier, le cri de *Vive la République!*

Le temps des illusions a dès long-temps fui loin de nous ; je voudrais croire que la nouvelle République ramènera dans notre vieille France, avec les vertus antiques, les Fabricius, les Scipion et les Régulus ; certes, je n'aurais pas assez d'admiration pour les fondateurs de la République nouvelle, si de si hautes vertus venaient entourer son berceau. Si ses fondateurs ou ses partisans concouraient à développer les germes si féconds que la civilisation chrétienne apporta dans le monde : certes, je comprendrais que leurs noms resteraient chers à tous ceux qui, comme moi, placent la liberté sous la sauve-garde de la justice et de la religion ; mais tel n'est point l'avenir réservé à la France.

Je ne suis donc point sans crainte, je le confesse à tous ; si mes jeunes adversaires blâment ces tristes pressentimens, qu'ils en voient la cause dans l'amour si vrai que je porte à mon pays ; ce n'est pas l'indifférence qui s'inquiète.

Je vois la domination de Paris se développer de plus en plus et peser sur les provinces en y jetant de toutes parts la confusion et la ruine. Je vois la liberté disparaître sans retour et fuir vers de lointains rivages.

La nouvelle République ne porte-t-elle point dans ses flancs une guerre dont les résultats peuvent devenir fatals à la France ?

Nul plus que moi ne croit aux prodiges de la valeur française ; il y a dans le sang français une puissance d'ardeur sur les champs de bataille qui l'emporte sur toutes les nations du monde ; mais là ne sont point toutes les questions ; les armées les plus braves peuvent être trahies par la fortune, et, avec des guerres redoutables, les divisions incessantes dans l'intérieur, résultat de notre caractère national si ardent et si mobile, ne peuvent-elles pas amener des calamités immenses dont la pensée la plus ferme demeure épouvantée ?

Je l'ai dit en d'autres temps, je crois que tous les sentimens généreux battent dans des cœurs de vingt ans ; je crois à cette puissance d'enthousiasme qui enfante des prodiges sur les champs de bataille et fait de l'armée française la première armée du monde ; mais, dans les questions de gouvernement et de politique, je redoute cette ardente mobilité ; je la redoute dans ces luttes incessantes qu'amène le gouvernement républicain. Ne l'oublions pas. il y a dans la démocratie une puissance toujours jeune, toujours ardente ; puissance formidable dont l'homme d'État doit calculer les forces pour les diriger dans l'intérêt de tous. Ce peuple qui a des vertus admirables, mais que l'entraînement des passions peut conduire aux plus funestes égaremens, car il est avide d'émotions ce peuple ; IL FAUT DONC SE DÉVOUER A

LE SERVIR ET NON PAS A LE FLATTER. Ne séparons jamais la pensée des droits du peuple, de la pensée de ses devoirs. *Droit et devoir*, c'est dans leur plus intime connexion qu'est le salut et la vérité.

La France oublierait-elle qu'il n'y a de durable et de fécond que la liberté progressive. Les libertés brusquement improvisées sont toujours violemment emportées ; l'histoire est là pour l'attester. Toute liberté qui mène à l'anarchie ramène le despotisme. Toute liberté nouvelle est comme ces jeunes arbres qu'on vient de planter, elle a besoin d'un tuteur qui la préserve ou la fortifie. Le temps est la condition indispensable, chez un peuple, des progrès de la liberté. Il faut que ses racines pénètrent de toutes parts avant qu'elle puisse porter des fruits.

Lorsque, par le malheur des temps, de tristes dissentimens sont venus agiter les enfans de la même patrie, il y a un grand devoir à remplir pour les *honnêtes gens* de tous les partis, c'est d'oublier leurs querelles et de s'unir dans la seule pensée de sauver la société des crises et des orages de la politique ; qu'ils se dévouent à la plus grande, à la plus sainte des causes, à la cause de l'ordre : monarchie ou république, c'est toujours la France, et c'est à la France seule qu'ils doivent se dévouer sans réserve.

Dans les temps ordinaires, quand tout est calme, ce devoir sans doute est moins pressant, mais en des conjonctures si extraordinaires, lorsqu'il s'agit de la formation d'une assemblée qui doit décider des destinées de la France, le dévoûment est le premier devoir.

Le problème à résoudre est d'obtenir pacifiquement la solution des grandes questions politiques et sociales qui divisent le pays ; cette solution, il faut la demander à l'ordre, il faut bien comprendre que l'ordre n'est jamais sorti et ne sortira jamais de l'excès du désordre ; l'histoire est là pour nous enseigner que c'est le despotisme, l'oppression, sous quelque nom que la tyrannie impose.

Nous sortons d'un tremblement de terre, et la société française, ébranlée jusqu'en ses fondemens, semble s'agiter comme ces îles flottantes, filles des volcans et de la mer. On en appelle aux suffrages de tous, sachons être hommes publics, et montrons à tous, amis et adversaires, que nous savons dire à tous nos pensées ; montrons-nous à tous avec le caractère de franchise que le beau nom de France nous impose ; montrons-nous dignes d'être libres en sachant faire respecter nos droits.

Les hommes du Gouvernement provisoire qui ont été portés au sommet du pouvoir par le flot des révolutions n'auront pas la pensée, nous devons l'espérer, de faire, au bruit de l'agitation des partis, ou de tolérer l'INTIMIDATION au profit de combinaisons électorales; là serait la violation de toutes les promesses. Sans doute nous les verrons intimer à leurs agens, dans une instruction rendue publique, l'ordre sévère de veiller à ce que, sur tous les points de la France, la liberté des suffrages soit hautement respectée ; c'est là leur premier devoir. Hors de là, il n'y aurait pour le pouvoir qu'une honte ineffaçable laissée par les hommes de l'Hôtel-de-ville dans leur domination de quelques jours sur la France et sur Paris.

L'esprit humain ne saurait concevoir d'œuvre plus difficile que celle imposée, en de telles conjonctures, à l'Assemblée constituante ; appelons donc, pour résoudre de si immenses difficultés, des hommes de sens, des hommes d'expérience, des hommes d'intelligence et de courage.

Puissent tous les Français avoir le courage de manifester leur opinion ; c'est la première condition de salut : tous doivent proclamer à la face du ciel ce qu'ils ont au fond de leurs âmes.

Une longue et triste expérience n'a que trop

prouvé, en France, qu'on pouvait réunir, au plus haut degré, toutes les vertus de l'homme privé, et cependant n'avoir, dans son organisation, aucune des conditions de l'homme public.

N'oublions jamais qu'une des causes de cet épouvantable régime qui a reçu de l'histoire le nom de *règne de la terreur*, fut dans la faiblesse de milliers de gens, très honnêtes sans nul doute, mais qui cédèrent à leurs adversaires et ne surent pas défendre leurs droits. Il n'y a d'hommes dignes d'être libres que ceux qui expriment à tous leurs opinions politiques.

Que tous ceux qui aiment leur patrie, qui ont combattu l'esprit de ruse et de mensonge d'un pouvoir trop long-temps imposé à la France; que tous ceux qui veulent la probité dans les affaires marchent de concert dans cette grande lutte électorale.

Qu'ils défendent, avec l'inviolabilité de la propriété, la liberté de la presse, la liberté d'enseignement, et que les suffrages ne soient donnés qu'à ceux qui ont la ferme résolution de servir, avec le désintéressement le plus absolu, les grands intérêts de la France.

Appelons à cette assemblée des hommes qui connaissent à fond les besoins de nos villes, mais par dessus tout les besoins de nos campagnes, les besoins de la France rurale ; c'est là qu'est la source des richesses du pays ; ses droits trop long-temps méconnus doivent enfin être défendus avec ardeur, car là est pour la France une question fondamentale, une question de ruine ou de prospérité.

Ne livrez point la France à ces médiocrités jalouses, à ces hommes pleins de fiel, qui, parce qu'ils ont crié *vive la République!* croient avoir acquis le droit d'imposer à la France leurs rêves et leurs utopies, dont la réalisation amènerait la ruine de la patrie.

Faisons appel à toutes les probités, à toutes les intelligences, à tous les courages ; honorons-les de nos suffrages dans les luttes électorales auxquelles sont attachées les destinées de la France. Allons chercher dans leur retraite les hommes qui ont honoré le nom français. Kergorlay, Hyde de Neuville ; ce sont là, diront plusieurs, des hommes de monarchie, oui sans doute, mais ce sont encore des hommes de liberté, et il n'y a pas en France d'hommes plus dévoués aux véritables intérêts du peuple que ces grands citoyens ; car toute leur vie fut consacrée à les défendre. En des conjonctures aussi redoutables, de tels hommes peuvent être présentés à leurs adversaires comme à leurs amis. J'aurais mis en première ligne Châteaubriand, si ses jambes avaient autant de force que sa tête a de lucidité et de verdeur.

Sans nul doute, ce sont les départemens qui doivent choisir leurs candidats, mais il est des hommes qui sont les candidats de la France entière. En première ligne se rencontrent les députés de la droite, ceux de leurs amis qui ont succombé aux dernières élections ; tous, avec des nuances diverses, ont défendu à la chambre toutes les libertés chères à la France. — Honneur aux départemens où ils seront élus. Avec eux, et sur la même ligne, nous plaçons les hommes de *la presse de droite*. A Paris et dans les provinces, c'est sur les journaux de la droite que sont tombées à la fois toutes les colères de la dynastie d'Orléans, toutes les colères des tribunaux et du fisc. On a eu recours à tous les moyens, à toutes les ruses, on s'est livré à toutes les indignités pour ruiner la *Mode*, la *Gazette de France*, la *Quotidienne*, la *France*, l'*Echo français*. J'ai rencontré sous les verroux de la Conciergerie des directeurs de ces journaux, je les ai vus là expier leur noble courage.

L'honneur de la France exige que *la presse de droite* soit largement représentée dans la nouvelle assemblée, car depuis dix-sept ans elle défend avec la plus énergique constance, toutes les libertés chères à la patrie. Quand donc la société est en péril, appelons pour la défendre ceux qui ont fait leurs preuves d'intelligence et de courage, en marquant chaque jour par des combats. De tels hommes, je le répète, sont des candidats qui appartiennent à la France entière. Dans ces journaux divers, de beaux talens ont grandi pendant une si longue lutte, et sont devenus une des gloires de la patrie : nommerai-je en première ligne Alfred Nettement, qui s'est élevé à de si hautes considérations morales et politiques en défendant les principes éternels qui sont la vie des sociétés.

C'est à l'Assemblée nationale qu'est la place de Genoude , Laurentie, Alfred Nettement, Walsh, Lourdoueix, de Brian, Beauregard, Théodore Anne , Merle, Blosseville , Théodore Muret et leurs nobles amis : représentans de l'intelligence , soldats éprouvés pendant ces jours difficiles ,sentinelles vigilantes, ils ont toujours veillé à la garde de la société. Ne soyons pas ingrats envers de tels services ; de tels hommes peuvent être montrés à leurs adversaires comme à leurs amis. C'est la presse de l'opposition de gauche, le *National*, la *Réforme*, le *Courrier*, qui ont élevé le Gouvernement provisoire. — Cette presse qui compte des hommes d'énergie et de talent, sera largement représentée dans l'Assemblée nationale. Que la presse de droite le soit aussi dans la même proportion; là les adversaires seront placés en face; ils combattront à la tribune comme ils ont combattu dans les journaux.

D'autres écrivains combattaient dans divers journaux que des nuances diverses séparaient de ceux que je viens de citer dans la presse de Paris. Mais ils ont combattu pour des libertés fondamentales, mais ils ont combattu pour la liberté religieuse, pour la liberté d'enseignement; ils ont combattu avec la plus noble persévérance; je les appelle de tous mes vœux à la nouvelle Assemblée : nous avons besoin, en de si redoutables conjonctures, d'unir dans un faisceau toutes les forces vives de la société. Ne nous livrons point à de vaines disputes; ce serait renouveler les temps des Grecs du Bas-Empire. Encore une fois, tout serait perdu si, après une telle commotion, nous ne réunissions pas nos efforts pour envoyer des hommes d'intelligence et de cœur.

J'ai parlé de la presse de Paris; certes, je n'oublierai pas la presse de province, qui combattait pour toutes les libertés contre toutes les tyrannies , et qui partout a été écrasée par les amendes et la prison. — Ce sont de rudes campagnes que celles qu'ont faites pendant de trop longues années ces courageux écrivains. — J'ai vu de près ce que sont de tels hommes dans l'Ouest, en Bretagne, en Normandie, à Dinan, à Rouen ; dans les provinces du Midi comme dans les provinces du Nord , à Toulouse , à Nîmes, à Rodez à Lyon, à Montpellier, à Lille, à Cambrai , à Douai , à Périgueux ; dans les provinces du centre, à Orléans, à Moulins, à Clermont, à Bourges , à Limoges , et dans tant d'autres villes encore. Que ne puis-je ici citer tant de noms si dignes d'honneur, qui ont pris part à de si beaux combats, et ont mérité de recueillir les suffrages de tous les hommes de bien !

Il y avait à la Chambre des pairs quelques hommes qui ont combattu pour les libertés de la France. Encore une fois , tous les hommes qui ont prit part à ces combats de la tribune et de la presse, sont les candidats de la France entière. C'est aux départemens à prendre l'initiative et à leur donner leurs suffrages.

Dans une assemblée nationale, l'exclusion systématique d'une seule classe de la société constituerait la plus flagrante injustice. Tous les grands intérêts de la France doivent être représentés : l'agriculture, les sciences, les lettres, la religion, mère de la patrie, la religion, car ce fut elle qui civilisa la France. Il y a plus de dix-huit siècles qu'elle nous montre le progrès auquel nous devons tendre ; il y a plus de dix-huit siècles qu'elle met en action cette *fraternité* dont nous venons d'écrire si fastueusement le nom sur nos monumens publics.

J'appelle enfin de tous mes vœux des hommes d'intelligence dans les opinions diverses qui divisent la France ; des hommes d'intelligence, placés dans des rangs divers, peuvent parvenir à s'entendre dans les intérêts de la patrie ; mais des hommes d'intelligence qui ont à combattre des médiocrités pleines de fiel et de jalousie, ont tout à redouter pour les grands intérêts de la France. Leurs efforts ne seraient que trop souvent impuissans. L'intelligence, c'est le plus beau don de Dieu, c'est la flamme divine qui nous révèle nos immortelles destinées.

La France marche à la tête des nations européennes ; plus que jamais les idées françaises gouvernent le monde, mais ne l'oublions pas, après tant de destructions et de ruines, il n'y a qu'une propagande digne de la nation française : c'est celle de l'exemple. Que notre pays fasse triompher dans son sein la religion, la justice, le droit, l'humanité , et sa puissance sera indestructible. La France alors sera comme ce rocher d'aimant que la fable plaçait au milieu des mers, et vers lequel les vaisseaux de toutes les nations étaient sans cesse attirés.

Pour atteindre ce grand but, marchons aux élections comme on marche au combat. Nul ne peut déserter sans honte. Que les dangers de la patrie réveillent dans les âmes le sentiment du devoir ! Quel est l'honnête homme qui pourrait rester dans ses foyers quand, entendant sonner l'heure électorale, il penserait que son absence peut décider de la victoire ou de la défaite ?

Ai-je besoin de dire, et ici j'exprime les sentimens de tous les hommes de bien, ai-je besoin de dire que quelles que soient les phases diverses qu'amènent les révolutions , il reste au fond de nos âmes, avec le plus ardent amour de la patrie , un impérissable dévoûment à sa prospérité, à son bonheur, à sa gloire. Unissons-nous donc dans ce sentiment si vrai que nous portons à la France , et qui, au bruit de tant de mouvemens divers, reste plus vivace au fond de nos âmes.

P. S. J'avais écrit ces pages, lorsqu'on met sous mes yeux la dernière circulaire de M. le ministre de l'intérieur à ses commissaires dans les départemens. Que signifie l'intervention du ministre et de ses agens dans les luttes électorales ? — Qui donc a conféré la dictature électorale au pouvoir surgi des nouvelles barricades ? *L'éducation du pays n'est pas faite, c'est à vous de la guider,* écrit le ministre à ses agens dans les provinces. Ainsi donc, les hommes de l'Hôtel-de-Ville n'auraient combattu pendant dix-sept ans le système électoral, ce système de ruse et de mensonge qui pesait si tristement sur la France, ils ne l'auraient combattu que pour en appeler à l'intimidation et à la peur, quand le flot populaire les aurait portés au sommet du pouvoir ! Le Gouvernement de l'Hôtel-de-Ville n'a jamais reçu la mission de diriger les élections. — Il ne peut donner ce pouvoir à ses délégués : ce serait l'acte de l'usurpation la plus inouïe. — Le Gouvernement provisoire a reçu de la révolution une seule, une unique mission, celle de LAISSER A LA FRANCE LA LIBERTÉ LA PLUS ENTIÈRE, LA PLUS ABSOLUE. Hors de là, il n'y a que tyrannie. — Si cette circulaire a l'assentiment du pouvoir qui siége à l'Hôtel-de-Ville, qu'il cesse, au moins, de nous parler

de liberté : c'est prostituer ce nom. La liberté
qu'on essaie de donner à la France en 1848, est
celle qu'en d'autres temps le comité de salut
public lui imposa.